괜찮아요, 저물녘 氏

김도해 시집

문학의전당 시인선
236

괜찮아요, 저물녘 氏

김도해 시집

문학의전당

시인의 말

사는 게 늘 경계였다.
그때마다 가만히 나에게
팔을 내밀어 주던 것들
詩의 이름으로
짓고 허물다
비로소 가슴에
작은 암자 하나 남긴다.

2016년 가을
김도해

차례

제2부

제3부

제4부

제1부

저물녘

저물녘이라는 말이 참 좋다
쉼 없이 달려와
남은 한 걸음을 두고 머뭇거리는 시간
빈손의 시간

영영 이별을 위해 마지막 분단장을 마치고 가까이 지냈던 이들 앞에 누운
망자의 얼굴처럼 무심하고도 먹먹한 시간
저묾, 천천히 되뇌면
붉은 덩이 하나가 목젖 가득 차오른다

부추꽃 가을

톡, 토독 톡
짚방석에 널어놓은
콩꼬투리 터지는 소리
사르르 사르륵
참깨 쏟아지는 소리
바스락바스락
태양초 뒤집는 소리
어머니 손에서
습기 빠져나가는 소리
쉬익 쉭
도리깨로 허공을 후려치던
젊은 아낙은 어디 가고
톡 톡
손을 막개 삼아 콩꼬투리나
두드려보는 노년의 가을
부추꽃도 갸웃
여윈 목 빼고 바라보는
가을날 오후

작은 꽃에게

한성대역 대합실에서
스스로 밥술이나 뜰까 싶은
조그만 여자아이가
얼굴이 바짝 굳은 여인에게
'잘못했어요, 잘못했어요.'
눈물을 뚝뚝 흘리며
두 손을 싹싹 비빈다

제대로 빌어야 할 이들이 천지인 세상
조막만 한 아이가 무에 잘못했다고
저리 빌고 있는 걸까

버려진 나무로 만들었다는 의자에 앉아
그 작은 몸이 흔들리는 것을
그저 바라보아야 하는 것이 속절없어
나도 무량 흔들리고 만다

괜찮아 괜찮아

숲길을 가다
눈을 감고 서 있으면 들리는 소리
괜찮아 괜찮아
나무들이 어깨를 겯고 서로 토닥이는 소리
괜찮아 괜찮아
숲 그늘 밑 아직은 여린 나무들도
나무 밑 작은 꽃들도
괜찮아 괜찮아

절반은 고사목이 되어 기우뚱 서 있으면서도
뿌리를 훤히 드러내어 위태하게 흔들리면서도
괜찮아 괜찮아

바람이 지날 때마다 슬그머니
내 어깨에 얹어지는 그늘의 팔
괜찮지 않던 것들도 그냥 괜찮아져 버리는
내 붉은 혈류마저
그의 푸른 수액과 흐름이 닮아가는

숲길의 늦은 오후

나도 그들처럼 스스로에게 하는 말

괜찮아 괜찮아

산수국 헛꽃에 대한 비념

꽃은 아직 피지 않았어
때 이른 봄볕이 슬며시 머물다 가곤 했지만
숲엔 겨울의 그림자가 머물고 있었지

그곳에 하얀 나비들이 날고 있었어
실핏줄이 드러날 만큼 날개가 투명했어
겨우내 눈 무덤 속에서
하얗게 육탈한 것들은
길 잃은 어느 누구의 영혼일 거라고
그 영혼의 날갯짓일 거라고 생각했지

그건 약속 같은 것이었어
거기 그 자리에 있겠다는 언약 같은 것
누군가에겐 퇴색하고만,
이미 잊힌 것들을 부르는
초혼(招魂)의 날갯짓과도 같았지

칼날처럼 푸르던 꽃물을 여읜 자리

투명하고 투명해져서 정수만 남은
산수국 헛꽃
그건 꽃의 묘비 같은 것이었어
봄을 위한 비나리였지

남생이동산

비밀이에요
저녁마다 붉은 해 끌어안고
능소화 꽃이불 들썩이는 곳

비밀이에요
밤마다 별들이 내려와
아침이면 노란 땅채송화로 피어나는 곳

이따금 무리를 잃은 갈매기가
고요를 휘젓다 제풀에 내려앉고
선선한 바람이 몽글몽글 구름덩이 빚어내고
갯바위 돌가시나무도 파도 소리에
꽃을 피우는 곳

당신만 알고 있어요
그곳
비밀이에요

다림질을 하며

늦은 밤
중년의 남자가 혼자 동네 선술집에서
술병을 기울이고 있었다
타이는 느슨하게 풀어지고
한쪽 다리의 바짓가랑이가 말려 올라갔다
휴지심지에 한 뼘 남은 하루가 졸고
정년까지 남은 햇수나 되었음직한
빈병들만 묵묵히 그의 타령을 듣고 있다

오금팍 주름은
오랜 세월 미간에 박아놓은 골마냥 완강하다
대충하지 뭘 그래
그래도 하루를 버틸 수 있는 것은
빳빳한 자존심 덕일 거예요
다리미를 꾹꾹 누르며
선술집 한 남자를 보았다는 건
말하지 않았다

노목(老木)

예술이 별건가
목숨 부지하고 사는 것,
그게 예술이지
바람이 불어
뒤틀리면 뒤틀린 대로
옹이가 지면 옹이 진 대로
제 몸을 지탱하며 옹골지게 사는 것

흔들릴 때는 흔들리고
고요할 때는 고요하게
살아가는 시간을
제 몸에 괴어놓고
죽어가는 것들은 죽어가며
제 살을 내어놓고

견디고 흘려보낸 시간을
그렇게 제 몸에 새겨놓은 시간을
묵연히 내어놓는 것

그게 예술이지

그 몸이 진짜 예술인 게지

낙화 1

지난밤 비바람에
벚꽃 길에 빗방울 같은
연분홍 도트 무늬가 새겨졌다
걸음을 옮길 때마다 톡톡
도트 무늬가 튄다
길 복판에서 꽃잎을 줍던 참새떼
그 소리에 후르르
덤불 속으로 날아간다
꽃잎들이 파르르
참새 꼬리에 매달려 가고
봄, 가던 걸음 멈추고
그예 서성인다

낙화 2

몸빛이 푸르고 작은
새 한 마리가 명자나무에서
몸 둘 바를 모르고
이 가지 저 가지로
종종거리고 있다
동그란 눈망울이 붉어진 채
어쩌꺼나 어쩌꺼나
지저귀고 있다

입추

열대야의 끈적끈적한 습기와
하루가 천년 같다는 노모의 한낮이
선풍기 날개에 더께처럼 들러붙었다
어깻죽지에선 진땀이 배어나오고
박물관에나 있음직한 노구가
기우뚱 기우뚱 졸고 있다

거품목욕을 시키고
샤워 꼭지를 대어 솰솰 씻기는데
여름 더위가 뭉게뭉게
하수구 구멍으로 떠밀려

간다
말갛게 씻고 툇마루에 앉은 노모의 어깨에
잠자리 날개 같은 모시옷이 걸렸다
맑은 바람이 그 옷을 흔들고 간다
방충망엔 잠자리 한 마리가
한가로이 쉬고 있다

몽산포

푸른 옷깃 슬그머니 열어젖힌 오후에는
갈매기 무리 빨아들이듯 안고도 남아
서둘러 해묵은 버들 같은 아낙들을
품 안으로 불러들인다

낡은 홑이불마냥 흐릿한 햇살을 두르고
바다 사내의 살결만큼이나 거친
모래톱을 헤집느라 해종일 굽은
여인네의 등이 햇무리마냥 곱다

붉게 물든 바다가
만정(滿情)에 못 이긴 척 밀려올 때
여인들은 허리춤을 올리며
구붓한 그림자를 앞세운다

그네들 등 뒤엔 품 넓은 사내, 몽산포
머쓱한 얼굴로 슬그머니 옷섶을 여민다

단풍나무

수천의 잠자리떼들이
단풍나무에 매달린 걸 보았네
오오, 저런
나무를 들어 올리려 하는지
혼신을 다해
붉은 날개를 파닥이고 있네
나무는 꿈쩍도 하지 않네
나무 아래엔
잠자리 날개가 불러들인
바람만 휘돌고 있네
민들레 꽃씨가 날아갔네
지칭개 꽃씨도 날아갔네
아아, 그래도 나무는 날지 못하고
흙심은 굳건하였네

가을이 왔네
잠자리 한 마리 프로펠러처럼 날아갔네
후루루 잠자리떼 뒤이어 떠나갔네

늙고 병든 잠자리 몇 마리만 남아
희미하게 날개를 파닥였네
그에 단풍나무 눈자위가 붉어지는 것을 보았네
제 발아래로 뚝, 뚝,
붉은 눈물
떨어뜨리고 있는 것을 보았네

오월의 빛

한바탕 터트리고 난 열정의 끝
이제 그녀는 들뜸의 시간을 재우는 중
오월의 빛들은 부드럽고 어질다
가지 끝마다
그녀가 내려놓은 연둣빛이
엷은 스카프마냥 하늘거린다
희거나 연분홍이거나 노랗거나
보일 듯 말 듯
작은 꽃들을 점점이 피워놓는다
묵직했던 내 몸의 채도
그녀가 풀어놓은 빛들로 가볍다

높거나 낮거나
창궐하거나 쇠락하거나
양지이거나 음지이거나
어느 곳에서도
그녀의 손길은 미나리의 새순처럼 어질다
그녀의 미소는 탱자꽃처럼 희고 순수하다

나도 너에게 너도 나에게
오월의 빛만큼이면 좋겠다

연장통

아버지가 시집가는 나에게 준 연장통엔
혈기 파란 군장들이 도열해 있었어
새살림 고칠 게 뭐 있을까 싶은데
신혼살림 왜 그리 덜컹거리는지
세상살이 왜 그리 삐걱대는지
틈은 왜 자꾸 생기는지

티격태격 겉돌면 기름 치고
어긋난 것 끌어당겨 못질하고
성긴 틈도 조이고
잘라내고 덧대길 수십 년
그냥저냥 살 만하다 여길 즈음
아버지는 이미 가고 없었어
손때 묻어 반질한 퇴역 노장들만
무장 해제한 채 연장통을 뒹굴고 있었어

제2부

물 한 모금에 대한 단상

엄재국 님의 시에는
문경시 산길 깊은 내화리에
“지나다 목마르면 하나 따 드세요.”라는
명찰을 단 사과나무가 있다는데

인심이 후하다는 제주도 올렛길에
“손대지 마세요.”라는
경고문을 단 귤나무가
마른버짐 같은 갈등을 하얗게 달고 있다

“지나다 목마르면 따 드세요.”라는
이름표를 달았더라면
하얀 귤 꼭지가 매화처럼 보이겠지만
어느 어리석은 이 있어
귤나무에 매화를 피울까

우수

당신의 몸도
이제 해빙이 시작되었겠지요
한동안 동면에 들었던 당신도
당신의 물그림자를 찾아 나설 준비를 하고 있겠지요

늦은 오후
봄볕에 그림자를 길게 뉘어두고
돋보기를 끼고 해구(海具) 손질에 여념이 없겠지요
귤빛 물옷을 한 벌 마련했더군요
물갈퀴가 싱싱한 발도 준비해두었더군요
물론 빗창의 날도 벼려두었겠지요

오래된 당신의 몸도
물결의 무늬를 기억하고 얼음이 깨지듯 소리를 내겠죠
겨우내 눌러두었던 깊은 숨도 절로 터져 나오겠죠
물에 든 당신의 허리에선
반달 같은 빗창의 날이 물비늘처럼 반짝이겠죠

당신의 노구엔 물그림자가 문신처럼 깊이 새겨져 있어요
우수가 아니어도
걸음마다 젖은 발자국이 선명해요
당신이 지나간 자리에선 늘 물비린내가 나요

참 좋을 저녁

인사동 한정식집에서
상을 받았다는 이가 큰 밥을 샀네
매끈하고 반듯한 언어를 주고받으며
보들보들한 밥을 먹었네
포도주도 한 잔 곁들였지
그랬어요, 저랬어요
아, 그렇군요. 그럴 수도 있겠군요
정제된 언어와
꽃 접시에 꽃단장하여 놓인,
머리수만큼의 음식
먹는 모습이 품격의 잣대라도 되는 양
아주 천천히 조금씩 먹었네
질펀하지도 않고 칼칼하지도 않는 맛
푸근하지도 않고 편안하지도 않은 자리
사람도 음식도 간만 보다 만 것처럼
속이 허허로웠네
허기만 가득 든 듯하였네
배지근한 괴기국수 한 그릇 했으면

자리물회나 한 그릇 했으면
막걸리나 한 대접 들이켰으면
참 좋을 저녁이었네

대장간

오일장에 가면
벌겋게
가슴이 단 사내가 있다
칼날을 벼리는지
마음을 벼리는지
묵묵히
붉은 가슴만
내리치고 있는 사내

무른 것과 단단한 것
뜨거운 것과 차가운 것
세상의 경계를 넘나드는
그 사내에게선
오늘도
푸른 꽃들 무수히 피고 졌다

남산제비꽃

꽃이 피면
코티 분 냄새가 날 거라며
그녀는 남산제비꽃이 든
토분을 내밀었다

젖먹이 키우듯
어르고 달랬더니
하얀 꽃 두어 송이가 피었다
분내는 나지 않고
젖을 떼고 홍역을 치르느라
단내가 나던
내 아이가 거기에 있다

바람도 햇살도 기웃거리다 마는
베란다 한 구석
신열을 앓으며, 저 혼자
걸음마를 연습 중이다

수목장

깊은 숲에 한 생애가 누웠다
그에게 다시 사랑한다거나
아프게 잊어야 한다거나
가슴을 쥐어짜는 고통 따윈
더는 없을 것
그의 기록은 끝이 났고 우리도
이젠 그의 기록을 잊어갈 것이다
뭇 사람들이 말하는
그에 대한 기억이라는 것도
이미 증발했거나 아니면 왜곡된 것들

그가 누운 숲으로
지독한 안개가 밀려왔다
그의 이름을 단 나무 한 그루가
그의 마지막 기록
미망에 망연히 서 있다

응암동 어느 헌책방 구석,

먼지에 덮인 오래된 책의 제목처럼
그의 생애가 흐릿해졌다
세상은 그를 잊고도 곧
아무렇지 않은 양 흘러갈 것이다

동백

동백이 피었다는데
그게 어때서
동백이 진다는데
그게 어때서

그게 어때서
동백꽃 필 즈음이면
가슴이 패이는가
동백꽃 질 즈음이면
눈시울 붉어지는가

해마다 꽃은 피고 지는 일
그게 어때서
때가 되면
마음이 저려오는 것일까
피고 지는 일에
귀를 기울이는 것일까

야고

어느 천년
어쩌지 못하는 인연들이
억새의 가슴팍에 머물다
가을이면 도지는 간절한 신경통

햇살 푸르른 날
종소리 번지듯
억새 밑동마다 뒤척임이 일어나
화석처럼 피어난 야고

안부 1

그대, 안녕하신가?
항상 안녕하기만 허겠수
그냥 안분지족 중이라오
그러저러 일상이 편안하신 게로군
간절함은 있수?
간절함이 왜 없겠수
너나 나나 입 다물고 있으니
평안한가 싶은 게지

그러게나, 산다는 것
목숨 줄 붙어 있으니 살아보는 건가
아녀, 그래도
마음 붉어질 날 있고
푸르른 날 있고
꽃이 피는 날도 있으니 사는 게지
퍽퍽한 가슴에 간절함도 샘물처럼 고개 드니
그럭저럭 살아갈 힘이 생기는 게지

안부 2

전화기를 바꾸면서
내가 오랫동안 안부도 묻지 않았고
어떻게 지내는지 물어오지도 않는
혹은 만난 적이 있는지
얼굴도 가물가물한 이들의 번호를 지우다가
'아버지'라는 이름 앞에서 손이 멎었다
"내 번호도 지우려고?"
거기 빙그레 웃고 있는 아버지가 계셨다
010-694-0000
하마터면 통화 버튼을 누를 뻔했다

파란 신호등

신호 대기 중이었어
아스팔트 위에선 참새 두 마리가
장난을 치고 있었지
연인 같았어
차창을 열고 바라보았지

신호가 바뀌었는지
맞은편 차들이 쌩하니 달려왔어
바람이 휘익 지났다는 걸 느꼈어
미처 피하지 못한 참새 한 마리
아스팔트 위에서
날갯죽지를 잠시 파닥거렸을 뿐
남겨진 참새는 어쩔 줄 모르고
질주하는 차들과 경쟁하듯
앉았다 날아오르기를 반복하였지

저 작고 가벼운 것에서 배어나오는
육중하고 슬픈 몸짓,

애끓는 울음은
사람만 낼 수 있는 것이 아니었어

갑작스런 일에
어떤 표정을 지어야 할지 몰랐어
그리고 아무 일도 없는 듯 그곳을 떠났어
아무것도 해줄 것이 없었고
때마침 파란 신호등이 켜졌으므로

파란 신호등이 누군가에겐
빨간 신호등이 된다는
당연한 이치, 잊고 살다가도
그곳을 지날 때만은 참새 가슴만 한 것이
팔딱, 고개를 들곤 하지

봄이라는 기척

시치미 뗀다고 모를까
매번 뻔히 보이는 그녀의 공식
아기의 옹알이를 읽는 엄마처럼
이미 짐작한 그녀의 중얼거림
작은 탄성들이 툭툭 터지고
세상은 수런수런 술렁일 터이지
늙지도 않은 꽃잎들 후르르
제단 위로 그 몸을 뉘일 테지
그래도 그 기척,
언제나 못내 반갑지

꽃다지

너였구나!

작은 몸으로
따뜻한 세상을 여는 이
겨울이라는 철문 틈으로
봄을 부르는 이

하마터면
너를 밟을 뻔하였구나

할미꽃씨 바람에 날릴 때면

일 년 열두 달
마음속에 사리 지어두었던
죄의식 같은 것들이
해마다 오월이면 기어 나와
어머니에게서 자란다

염색할 시기를 놓쳤다고
쑥스럽게 웃더니
되려 벌써 귀밑머리 희었냐며
마른 모싯대 같은 손으로
내 머리를 빗겨주는데

어머니의 깊은 주름 사이로
안개빛 미소 지나가고
당신이 내려놓는 세월
내가 지고 갈 일에 가슴이 얹히는지
빈집 같은 어머니를 돌고 나온
한숨이 더웠다

그래서인가
오월의 햇빛은 유독
할미꽃씨 같은
어머니의 흰머리에서 반짝인다

은방울꽃

무릎을 꿇고 진탕 울어봐야
자신을 안다는 것도 겪어보니 허사일
깊은 맛 좀 보라고
주저앉히는 일 백 가지여도
여보란 듯 불쑥불쑥 치미는 울화
두견화 터지듯
허공에라도 붉게 터트리고 마는 날들

유혈목이 고개 치켜들고
내달리듯 우쭐대다가도 때론
작고 하찮은 것들에 절로
무릎을 꿇고
고개 숙여지는 날이 있다

제3부

어머니

어머니가 오셨습니다
시원한 유자차를 드렸는데도
연신 땀을 흘립니다
입고 계신 옷이 더워 보여
내 인견 옷을 내어드렸습니다
예전엔 어머니에게 터무니없이 작았던 내 옷이
어머니 둘이라도 들어갈 만큼 헐겁습니다
까맣게 작아진 어머니
하얗게 풀 먹인 내 옷이 차마 부끄럽습니다
시원하다며 만지작거리는 어머니께
옷 한 벌 제대로 지어드리지 못했습니다
옷을 쓰다듬는 어머니의 옹이 진 손
몇 년 전만 해도 누군가 악수를 청하면
슬그머니 허리 뒤로 감추시던 손
그 손을 잡아드렸더니 빙긋 웃습니다
안 해본 짓을 하는 내 손이 쑥스럽습니다
희멀긴 손이 참 부끄럽습니다

풍목(風木)

그의 내면엔 바람벽이 자라네
관절은 섬사람만큼이나 강직하네
섬에 몸을 세운다는 건
저항의 힘을 키우는 것
어떤 바람도 버틸 수 있는 내공을 기르는 것
매일 매일은 체득과 답습의 시간
섬의 것들에게
몸은 곧 생존의 역사
삶은 곧 바람의 역사
매순간 몸에 바람을 기록하지

섬이었던 여자가 섬을 떠났네
세련되게 걸어봐
어깨를 활짝 펴고 허리는 곧추세우고
눈은 크게 떠도 괜찮아
머리가 흩날릴 염려는 없어
스카프는 날리지 않아

이제 더는 여자의 몸 어디에서도
바람 소리가 들리지 않네
몸의 어느 마디에서도
바람의 기록이 보이지 않네
여자는 상실의 시간을 기록 중
섬의 역사가 지워지고 있네
섬의 생존법을 잃어가고 있네

호박

밭 마지기 값이나 들었음직한
전대를 두르고
둥싯둥싯
한나절을 움찍거려도
노상 제자리

육덕 진 엉덩이 치켜든 채
무르익는
저 아낙
홀아비 군침깨나 삼키겠다

밥

님의 밥에선
흙과 바람과 비와 햇빛,
그리고 사람 냄새가 났습니다
한 끼의 밥
그 밥의 존귀함을 아는 이에게
더운밥을 받드는 손을 가진 이에게
가난한 두 손을 모읍니다
귀한 손으로 지은
당신의 그 밥으로, 그 하루
허름한 내 육신이 귀해졌습니다

아버지의 백일홍

1.

먹고 살기도 심난스러운디 꽃은 무슨…

가난한 초가에 암껏도 없는 것보다 낫지, 뭘

울타리에 흰 장미가 흐드러지면 마음이 부자 같고만

울 담 밑에 채송화라도 바글거리면 그도 참 좋고만

연못 둘레에 훌쩍하니 붉고 노랗게 핀 건 무신 거라

덤불 져서 뱀 나올까 무섭네

꽃 이름은 알아서 뭐하게

걱정도 팔자라, 뱀 걱정은 붙들어 매세

뱀도 지가 살 구멍은 다 아는 벱이여

영감, 담벼락에 저것들은 또 뭐시라

아이고, 주렁주렁 정신 사납게스리

조롱박, 으름, 작두콩, 꽃호박…

나 볼라고 심었는가, 손주들 있잖여

도회지에 사는 놈들 오면 볼거리 삼아 심은 게지

2.

저것들은 아직도 지들끼리 피고 지고 난리여

영감 간 지 언젠디

꼴 보기 싫고만…

어머니, 꽃도 저 싫다 그러면 삐진대요

그나저나 큰 태풍이 온다 허는디

저걸 어쩔거나

어머니, 올해 백일홍은 별나게 고와요

암만, 잡초도 뽑아주고 실하게 크라고 드문드문 솎아주고

수월찮이 공을 들였는디…

망부(望夫)

아버지를 보내고
고요해질 대로 고요해진 어머니
이젠 허기의 느낌마저 잊었는지
배가 고픈 줄도 모른다 하네

장다리국화, 기생화, 봉선화
떠난 것들이 남긴 빈터는
영영 꿈꾸기를 잊은 듯하고
해묵은 종자들은 무시로
멀어가는 귀를 곧추세우지만
파종해줄 이도 없다네

어머니 귀엔 어느새
달팽이 한 마리가 들어앉았네
어머니는 외로울 때마다
달팽이의 안테나를 높였다 내렸다 하네

어젯밤

어머니께 전화를 걸어
“비가 많이 내리죠.” 하고 물었더니
수화기 너머 어머니는
“밥 잘 챙겨 먹고 있다.”
그·러·셨·네

봄의 귀

속살속살
긴 잠에서 깨어 속닥이는 소리
못내 궁금하여
나무에 귀가 돋습니다

키득키득
간지러운 햇살에
비어져 나오던 웃음들
더는 참지 못하고
벙싯벙싯
사방에서 입이 벙글어집니다

봄바람이 어르고
봄비에 씻겨서
맑고 어진 것들이 세상에 가득합니다

거친 것들이
그들 덕에 보들해졌습니다

너븐숭이 애기무덤

바닷가 애기무덤 위에
털머위꽃 한 숭어리
듬성한 잡풀 위로 여릿하다

젖은 떼기나 했을까
이른 봄 세버들마냥
나울나울한 머릿결 쓸어주던
봄볕 같은 어미의 손길도 잊은 채
고이 잠든 어린 넋

지난여름 애기범부채 붉었더니
이 가을
어느 누구의 위로가 있어
노란 꽃핀 하나 남겨놓았을까

갯바람도
어린 이마를 짚고 가는데
서녘 하늘의 눈시울이 붉다

아무것도 모르고

바람도 없는 이른 새벽
툭 툭 벚꽃이 진다
동백 지듯 벚꽃이 진다
참새떼들 벚나무 위에서
철없는 아이처럼 재재거리고

무심히 올려다보다
그중 한 놈과 눈이 딱 마주쳤다
쥐눈이콩알 같은 참새의 눈이
대추알만 해지고
녀석의 입에 피었던
벚꽃 한 송이 화들짝 진다

놀란 참새떼 후르르 날아가고
벚나무는 왈칵 꽃들을 토해내는데
새벽 출사 나온 이들은
어, 벚꽃이 송이로 지네
동백 지듯 지네, 그런다

아무것도 모르고
아무것도 모르면서

일몰

조바심이 이는 시간이지
회귀의 본능이 고개를 들고
기댈 곳 없는 이방인의 가슴을
붉게 물들이고 마는 시간이지
밥벌이로 치열하게
눈을 부릅뜨고 보낸
하루를 수장하면서
나도 모르게
고개를 숙이게 되지

잘 지냈거나 잘못 지냈거나
대부분의 사람들이
홀로 제 마음을 쓰다듬으며 어질어지는 시간
빈한한 자의 오늘도
부한 자의 오늘도 끝
마지막이 아닌 매듭 같은 말,
끝
그 시간에

세상은 참으로 경건해지지

석양
—묵음

자지러지게 울어대던 새들이
해넘이 순간
뚝, 울음을 멈추었다

쉿!
묵음의 시간
보라 붓꽃 위로
어둠이 고요히 내려앉았다

풀꽃

네가 봄이구나
참 반갑구나
입이 닳도록 칭찬한 게 언제라고

얘들이 정원을 다 망치고 있네
지겨워죽겠어
봄까치꽃도 민들레도
금창초도 제비꽃도
고마리도 개별꽃도
매해 봄, 억울하다
매번 알면서도 모르는 척
날을 들이대는 이율배반

나무에 기대어

전생에 너는 무엇이었더냐
언제 한번 눈길을 주었다고
길가 허리 굽은 나무에
발길이 붙들려 한나절이냐

허공을 받드는 손에도
구불구불 혈맥처럼 뻗은 가지에도
애틋한 눈길을 걸어보는 것이냐
흙 위로 드러난 발도 쓰다듬고
옹이 진 몸통에 등도 기대어보는 게냐
봄빛처럼, 바람처럼
가뭄에 비처럼
마음이 부질없이 그에게 흐르는 게냐

덜커덕거리는 유모차를 밀며
노인이 그 나무 아래를 지날 때
너는 무엇을 생각한 것이더냐
노년의 뼈마디들에

새삼 고개라도 숙이고 싶은 거였더냐
늙음이라는 그 자리에
울컥, 존경심이라도 생긴 거였더냐
또 너는
후생에 무엇이고자 하는
욕심마저 들더냐
나무에 깃들어 거듭날까 싶더냐

사쿠라처럼

비켜주셔요
꽃그늘이 너무 짙어요
조그만 비켜주세요
눈이 부셔요
안 그래도 사월의 길은
미궁을 향하거든요
당신의 빛에 미혹되어
길을 잃을까 걱정이 되요

조그만 비켜주세요
눈과 귀는 기웃이
열어놓아야 하지 않겠어요
지나간 사월들처럼
홀연히 사라져버리면 어쩌라고요

사월은 극점과도 같아서
항상 예측불허일 때가 많았죠
박재가 되어버린 시간들은

흘러가지 못하고
오래된 빙하처럼
시간을 끌어안고 끌어안으며
우리를 아프게 하죠

저기 좀 봐요 지금도
깜짝깜짝 눈부신 약속들
쏟아지는 화려한 공약들
허공을 난무하다
맥없이 내려앉고 마는
사쿠라처럼
사쿠라처럼

복사꽃 그늘에서

지팡이를 짚고 길을 가던 영자엄니
사진을 찍고 있는 나를 보더니
도화 그늘에 앉으면서 한숨처럼 뱉는 말

"저것도 한때, 내 인생도 한때
내사 오늘인가 내일인가
갈 날은 모르주만
이미 다 가불고* 만 삶
이녁이사 참 좋을 때주
꽃이라도 활짝 핀,
고옵닥헌** 꽃이주…"

---

*가불다: 지다.
**고옵(곱)닥허다: 아름답다.

제4부

바람의 주소

모스부호 같은 유전자를 내 몸에 남긴 채
아버지는 바람처럼 떠나셨어
시간이, 성난 시위대 같은 시간이
나를 할퀴고 지나갈 때마다
아버지의 유전자는 내 몸에서 울었어
바람의 뼈들이 같이 울었어

세상은 바람의 무덤
홀로 시간의 지도를 걸어갈 뿐
영혼은 없는 것이라고
고개를 흔들어 보지만
바람이 불 때마다
아버지의 뼈들이 울어댔어

파도가 크게 몸부림을 치던 날
저녁 바다에 갈매기 한 마리
바람을 마주한 채 꿈쩍하지 않고
깃털을 고르고 있었어

나무의 몸통

숲에 몸통만 남은
속이 텅 빈 고목이 서 있네요
저 나무도 한때는
당신처럼 푸르고 건재했겠죠
그늘은 당신의 품처럼 넓고 안온했겠죠
바람이 불어도 굳건하게 버텨냈겠죠

당신은 마지막까지 청청한 나무였어요
그러니 속이 검다 못해
이미 동굴이 되고 있었다는 걸
어느 누가 알았겠어요

성성한 몸에
동굴이 생겼다는 사실을 알았을 때
죽음에 성자 같던 당신도 허를 찔린 듯
당황스러워했죠
허어, 그것 참!
공동(空洞)을 돌아 나오는 소리는

오래 묵은 목관악기가 내는 소리처럼
깊고 길었어요

뒤늦게
길을 가다 만난,
죽은 나무의 몸통을 끌어안고
죄인처럼 등을 천천히 쓸어보는 것도
허어, 그것 참.
하시던 당신의 목소리가
그 속에서 울리기 때문이죠

비 그친 뒤

나도 때론 젖고 산다
툭 치면 흐를 만큼
젖어 있어도
그냥
꽃처럼 웃을 뿐

누군들
마음에 물기가 없을까
저마다
젖은 사연 매달아놓고
떨구지 않으려 애쓸 뿐

괜찮다 괜찮다
꽃처럼 웃을 뿐

괜찮다 괜찮다
바람에 날릴 뿐

하늘 미술관

나는 종종 전시장엘 가지
입장료는 적지 않지만 특별한 곳이지
그곳엔 한 번도
같은 그림이나 비슷한 게 걸린 적 없지
예약한 창가에 앉아 있으면
영화의 장면처럼 그림이 지나가지

화폭은 바다, 붓은 바람
물감은 태양의 빛
가끔씩은
허공에서 깜짝 이벤트가 벌어지지
구름덩이로 빚은 조각과
바람과 빛과 구름이 합작하여 만든
설치미술도 보여주지
하지만 나는 빛그림을 좋아하지
얼굴을 창에 바싹 붙이고
시금이 아쉽지 않을 만큼 그걸 감상하지

오후 다섯 시와 여섯 시 사이
빛이 사선으로 드는
비스듬한 느낌의 그림을 좋아하지

갓 서해 상공을 지나기 시작했을 때
태양의 열기에 녹아 추락하고 말았다는
전설 속 이카로스가 지나갔지
날개에 불이 붙는 순간 같았지
대양을 건너가는 등 푸른 물고기떼가
그 빛에 몸이 빛났지
깊이 내려앉은 목선 속 사금파리도
반짝이며 그림을 그려냈지

수백의 영혼들이 갇힌 바다를 지날 때였지
아아, 빛은 깊이 내려앉고
검은 바다 너머 붉은 휘장이 내려왔지

잠시, 침묵이 흐르고

전시회가 끝났다는 멘트가 흘러나왔어

승객 여러분!
○○국제공항을 떠난 비행기가
이제 곧 ○○국제공항에 착륙할 예정입니다

한동안 몇 장의 그림은
어떤 계시처럼 뇌리를 떠나지 않았지

빈집

사람의 기운이 빠져나간 빈집이
꽃기운으로 겨우 버티고 있다
개망초, 달개비, 자란, 개양귀비
한데 어우러져
눈이 퀭하고 뼈만 앙상한 몸에게
더운 숨을 불어넣고 있다

채송화

하늘 가까운 곳에 한 여인이 살았네
돌아누울 공간도 없는 좁은 방
그녀와 무릎을 맞대고 앉았네
그녀는 심한 어지럼증을 앓고 있네
문을 반쯤 가린 발아래로 작은 마당이 보이네
거기에 오색 별들이 반짝이네

세탁소집에서 얻은 손가락만 한 줄기를
치자나무 곁에 찔러놓았더니
그곳에 별들이 뜨더라네
햇빛이 앉은 자리마다 별들이 뜨더라네
지금도 눈을 뜨면 그녀가 하는 일이
채송화 줄기를 잘라 흙에 찔러놓는 거라네

"저게 목숨 줄이 나만치나 질겨"
"저게 소식 없는 자식보담 나아"
노랗게 뜬 그녀의 얼굴에도 반짝,
별이 돋더라네

널개바다

아이는 해안가 언덕에 쪼그리고 앉았다
눈도 깜박이지 않고 한 점을 바라보았다
점은 아스라이 작아지다가
가뭇없이 물속으로 사라졌다
바다를 가르며 돌고래떼가 지나갔다
햇살은 물결그네를 타며 깔깔거렸다
아이는 숨이 멎고 꼭 쥔 두 손엔 땀이 났다
숨바꼭질하듯 다시 나타나
고래 등의 물줄기처럼 길게 뿜어내던
엄마의 숨비소리

푸른 바다를 보고도
슬프지 않은 나이가 되어 바닷가에 섰다
몇몇의 아이들이
밀려오는 파도와 달음박질을 하거나
바다를 향해 소리를 질러보거나
모래성을 쌓느라 열중하고
아이의 등 뒤에선 아빠엄마가

그윽한 미소를 짓고 있다

바다가 한 아이에겐
그리움의 시원이었다는 걸
저 아이들은 알 리 없다

친구

누군가를 만나고 온 날,
그가 한 말을 곱씹느라
밤잠을 설칠 때가 있다
오늘 그의 속을 읽는 건
난해한 철학서를 펴 든 것과 같아
해독이 쉽지 않았다
한참을 씨름하다 그냥 덮어두기로 했다
가시같이 박혀 아픈 말도
삭을 때까지 두기로 했다

사십 년 지기, 우린 그 이름으로
아는 듯 모른 듯 그렇게
세월만 쌓아 가고 있었는지 모른다
다 안다고 착각하면서
다 이해할 거라 믿으면서
나도 그를 모르고
그도 나를 모르면서 덮었던 날들
적지 않았을 거다

입춘

설을 쇠러 간 고향집에 매화가 피었습니다

그 향기에 취해 일주일을 봄날처럼 보냈습니다

서울로 올라온 다음날 폭설이 내렸습니다

"당분간 한파가 계속 되겠습니다"라는 기상캐스터의 말도

"꽃샘추위입니다" 하고 들리는 입춘이었습니다

뿌리

가로수 뿌리가 흙 위로 드러나 있습니다
은행나무의 발입니다
발은 커다란 몸을 지탱하느라
오지게 흙을 붙들고 있습니다
얼마나 힘을 주었는지
발가락 마디마디가 툭툭 불거졌습니다
그 발을 밟고 사람들이 지나갑니다
상처가 덧나고 아문 자리들이 반질합니다

한 사내가 평생 흙에 발을 묻고 살았습니다
뒤꿈치는 굳살이 배겨 투박하고
가뭄에 드러난 연못 바닥처럼 갈라졌습니다
그는 샛별 돋는 저녁마다 연못가에서 발을 씻었습니다
그래도 그의 뿌리가 희었던 적은 없었습니다
그가 세상과 하직하기 전 병실에서
그의 맨발을 보았습니다
그의 뿌리가 원래 맑고 부드러웠다는 걸
그제야 알았습니다

사내의 뿌리가 뽑힌 자리에
자식이 돌아와 뿌리를 내리고 있습니다
수경 재배되던 나무와 다를 바 없는 여린 뿌리입니다
그의 유전자가 흐르고 있는지 제법 강단은 있습니다
머지않아 튼실한 나무 한 그루
그 사내처럼 거기에 서 있을 겁니다

슬픔의 한계

늘 슬프다는 여자가 있다
그녀의 마음엔 슬픔의 못이라도 있는지
작은 바람에도 일렁였다
슬픔의 극에 이른 적이 있는지
의심스러운 나는 가벼이
슬픔은 기쁨의 전주곡이라고
그녀에게 말하고 말았다
슬픔은 곧 떠날 것이라는 말도
하고 말았다

슬픔이라는 것이 한번 지나가면
다시 오진 않으리란 확신도 없으면서
울고 싶을 땐 그냥 울어버리라 했다
온몸의 습기가 다 빠지도록
까짓것, 진탕 울어버리라 했다

오늘 아침 전화선을 타고 들리는
달뜬 목소리가

원 없이 울었다는 그녀의 목소리가
슬프다고 할 때보다 더 슬펐다

물고기의 지문

어둠이 내린 도근내* 밤바다
점점이 밝힌 조어등에선
푸릇한 비린내가 난다

초저녁 멜국을 끓이느라
팔팔한 멸치를 씻고 은목서에게
거름으로 보시한 물에서도
검은 밤, 야광처럼
등 푸른 비린내가 난다

한 그릇 걸게 베풀고도 남은
물고기의 지문들
푸른 이력들이
빛으로 반짝인다

---

*도근내: 제주도 외도동 바닷가.

산수국

숲엔 검푸른 어둠이 내려왔어요
나뭇잎을 때리는 빗소리가 귀를 울렸죠
바람도 살랑 불어왔어요
짙은 안개도 숲길을 덮기 시작했죠
술렁임은 곧 잦아들었죠
기를 쓰고 오르려던 넌출도
허공에서 숨죽인 채 멈춰 섰어요
걸음을 멈추었죠
길을 잃을까 두려웠어요
세상은 마치 '멈춤' 신호를 받은 듯
고요했어요
팔랑, 나비 한 마리가 날아갔어요
안개가 걷히고 햇빛이 들었어요
숲엔 무수한 물비늘이 반짝였죠
오오, 푸른 별들이 무수히 떴어요
은하수처럼
숲길을 환히 열어놓았죠

가을 꽃

가을 꽃들은
웃음 뒤로 그늘이 진다
바람이 꽃을 키우는지
꽃이 바람을 키우는지
대궁마다 바람이 들어

바람 없는 하늘에도
꽃모가지가 흔들리고
짱짱한 가을볕 아래서도
노상 꽃은 시리다

궁을 나간 늙은 여인들이
둥지를 틀었다던
익선동 어느 골목에
보랏빛 꽃이 피었다
지팡이에 의지한 노인이
바삭한 손으로 꽃씨를 받는다

가을 햇살이 쏟아져 내리는
그녀의 등에도
바람이 들었는가
가을 꽃대궁마냥 휘적하다

춘정

잠 못 이루고
밤새 뒤척이다 맞는 새벽
어디선가 사부작사부작
꽃잎 벙글어지는 소리 들렸는가
치자꽃 향기 코끝을 스쳤는가
홍얼홍얼
창 앞을 지나가는
취객의 발 끄는 소리

해설

존재 너울, 그 사유의 바람

양영길 문학평론가

Ⅰ. 프롤로그

시인은 '시적인 거주를 시 속에 설립한다.'고 한다. 그래서일까. "사는 게 늘 경계였다/그때마다 가만히 나에게/팔을 내어주던 것들/詩의 이름으로/짓고 허문 일이 허다하다/비로소/작은 암자 하나 가슴에 지었다."(「시인의 말」)라고 김도해 시인은, 이 시집을 시작하고 있다. 시인이 설립한 세계, '작은 암자'에는 '타향에서의 고향'을 향해 시원적(始原的) 물음으로 존재 너울을 가다듬고 있다.

하이데거 식으로 말하면 '시인은 존재자 안에 체류할 수 있으며, 시인은 존재자 안에 하나의 장소를 가진다.'고 한다. 그래서 하이데거는 "인간은 가장 섬뜩한 것으로서 고향이 없는 자다."라고 말하고 있기도 하다.

김도해 시인의 『괜찮아요, 저물녘 氏』의 행간에는 "잠을 못 이루고/밤새 뒤척"(「춘정」)이는 시원적 사유의 세계가 있다. 그 "세계는 크다. 하지만 우리들의 내부에서 그것은 바다처럼 깊다."라는 릴케의 말처럼, 시인은 '시적인 말함'을 통해 자신과의 말건넴의 깊이를 가늠하고 있다.

Ⅱ. 사유의 바람

김도해 시인에게 사유(思惟)의 '바람'은 "그 자리에 있겠다는 언약 같은 것"이기도 하고 "초혼의 날갯짓" 같은 것이기도 하고 "길 잃은 어느 누구의 영혼" 같은 것이자 "산수국 헛꽃"(「산수국 헛꽃에 대한 비념」) 같은 것이기도 하다.

수천의 잠자리떼들이
단풍나무에 매달린 걸 보았네
오오, 저런
나무를 들어 올리려 하는지
혼신을 다해
붉은 날개를 파닥이고 있네
나무는 꿈쩍도 하지 않네
나무 아래엔
잠자리 날개가 불러들인

바람만 휘돌고 있네
민들레 꽃씨가 날아갔네
지칭개 꽃씨도 날아갔네
아아, 그래도 나무는 날지 못하고
흙심은 굳건하였네

가을이 왔네
잠자리 한 마리 프로펠러처럼 날아갔네
후루루 잠자리떼 뒤이어 떠나갔네
늙고 병든 잠자리 몇 마리만 남아
희미하게 날개를 파닥였네
그예 단풍나무 눈자위가 붉어지는 것을 보았네
제 발아래로 뚝, 뚝,
붉은 눈물
떨어뜨리고 있는 것을 보았네

—「단풍나무」 전문

"수천의 잠자리떼" 같은 사유의 세계, "혼신을 다해/붉은 날개를 파닥"이며 "나무를 들어 올리려" 하지만 "나무는 꿈쩍도 하지" 않았다. 사유의 "날개가 불러들인/바람만 휘돌"았다. "민들레 꽃씨" "지칭개 꽃씨도 날아갔"다. "그예 단풍나무 눈자위가 붉어"졌다.

자기 의식의 세계를 '잠자리떼'와 '나무'로 대상화하여 사유의 지평을 열어가고 있다. 이런 과정은 내적 충실을 갈망하면서도 겸

허의 정서를 환기시켜 주고 있다. 수천수만의 생각들이 '잠자리 떼'처럼 '파닥이다가 떠나가는' 것이 시인의 계절이었다. 그렇게 '가을'은 왔다. 세월의 흐름에 따라 변해 가거나 사라질 수밖에 없는 존재. 생래적(生來的) 외로움 속에 자연과의 교감이 이루어지고 근원적 사유에 젖어 있다.

동백이 피었다는데
그게 어때서
동백이 진다는데
그게 어때서

그게 어때서
동백꽃 필 즈음이면
가슴이 패이는가
동백꽃 질 즈음이면
눈시울 붉어지는가

해마다 꽃은 피고 지는 일
그게 어때서
때가 되면
마음이 저려오는 것일까
피고 지는 일에
귀를 기울이는 것일까

—「동백」 전문

"동백꽃 필 즈음이면" "마음도 저려" 오고 "동백꽃 질 즈음이면/ 눈시울 붉어지"면서도 "간절함의 샘물" 위로 들리는 소리, "그게 어때서".

타향인 도회지에서 팍팍하게 살아온 시간 속에서 무언가 하나의 부족함에 늘 목이 말랐다. 시인은 이러한 부족함에 대해 연연하지 않고 "그게 어때서"라고 되뇌며, 부족하다고 생각하는 그 수위에서 여백을 여유로 채워나가고 있다. 도회지 생활에서 잃어버린 것들을 뒤돌아보는 말건넴을 통해 자신의 존재를 사유하고 있다.

"그게 어때서", "괜찮아"라고 스스로 위로하고 격려하는 여유, 그것은 삶의 여백이기도 하다. 우리들에게 충만함은 한순간이고 늘 부족하고 아쉬운 것이 일상이다. 꽃은 일 년 중에 매우 짧은 순간을 즐기다가 떨어진다. 꽃은 져도 그 풀과 나무는 꽃 이름으로 불려진다. 다음해에도 필 기약이 있기 때문이다. "괜찮아"도 마찬가지다. 이번만이 아니라, 좀 아쉽지만 다음도 있으니까. 비워냄이 오히려 채워지면서 사유의 깊이를 더하고 있다.

그의 내면엔 바람벽이 자라네
관절은 섬사람만큼이나 강직하네
심에 몸을 세운나는 선
저항의 힘을 키우는 것
어떤 바람도 버틸 수 있는 내공을 기르는 것

매일 매일은 체득과 답습의 시간
섬의 것들에게
몸은 곧 생존의 역사
삶은 곧 바람의 역사
매순간 몸에 바람을 기록하지

섬이었던 여자가 섬을 떠났네
세련되게 걸어봐
어깨를 활짝 펴고 허리는 곧추세우고
눈은 크게 떠도 괜찮아
머리가 흩날릴 염려는 없어
스카프는 날리지 않아

이제 더는 여자의 몸 어디에서도
바람 소리가 들리지 않네
몸의 어느 마디에서도
바람의 기록이 보이지 않네
여자는 상실의 시간을 기록 중
섬의 역사가 지워지고 있네
섬의 생존법을 잃어가고 있네

—「풍목(風木)」 전문

시인의 "내면엔 바람벽이 자라"고 있었다. "기댈 곳 없는 이방인의 가슴"으로 "잘 지냈거나 잘못 지냈거나" "홀로 제 마음을 쓰다듬으며" 살다 보니 "나도 모르게/고개를 숙이게"(「일몰」) 되었다. "상실의 시간" 어디쯤에서 "이제 더는 여자의 몸 어디에서/바람소리가 들리지" 않았다. "팍팍한 가슴에 간절함도 샘물처럼 고개"를 들 때마다 "어떤 바람도 버틸 수 있는 내공을 기르는 것"이었는데, "그럭저럭" "그러저러"(「안부 1」) 살다 보니 "괜찮지 않던 것들도 그냥 괜찮아져"(「괜찮아 괜찮아」) 버렸다.

그러나 아쉬움은 남아 있다. 시인은 그 시원적 사유를 여유로움으로 전환하고 있다.

Ⅲ. 존재 너울의 세계

김도해 시인의 설립한 '바다처럼 깊은' 세계는 아버지의 삶의 여정을 통해 객관화되고 있다. 그의 시에 수용되는 '아버지'는 고향의 여러 사물을 통해 사유의 지평을 열어나가면서 존재 너울의 시간으로 채워나가고 있다.

아버지가 시집가는 나에게 준 연장통엔
헐기 파란 군장들이 도열해 있었어
새살림 고칠 게 뭐 있을까 싶은데
신혼살림 왜 그리 덜컹거리는지
세상살이 왜 그리 삐걱대는지

틈은 왜 자꾸 생기는지

티격태격 겉돌면 기름 치고
어긋난 것 끌어당겨 못질하고
성긴 틈도 조이고
잘라내고 덧대고 조이면서 수십 년
그냥저냥 살 만하다 여길 즈음
아버지는 이미 가고 없었어
손때 묻어 반질한 퇴역 노장들만
무장 해제한 채 연장통을 뒹굴고 있었어

—「연장통」 전문

시인이 설립한 세계에서는 늘 '덜컹거리'고 '삐걱대'고 '틈'이 생겼다. 그럴 때마다 물려받은 유전적 기질로 스스로를 '기름 치고' '못질하고' '조이'면서 스스로를 가다듬었다. 그러면서 '그냥저냥 살'다 보니 나이는 들고 아버지는 "손때 묻어 반질한" 연장들만 남겨놓고 떠나셨다.

"울타리에 흰 장미가 흐드러지면 마음이 부자 같"다던 아버지. "도회지에 사는 놈들 오면 볼거리 삼아" "조롱박, 으름, 작두콩, 꽃호박"도 심어놓고 "울담 밑에 채송화도 바글거리"(「아버지의 백일홍」)게 키우셨던 아버지.

이제 "떠난 것들이 남긴 빈터는" "장다리국화, 기생화, 봉선화"가 자라고 있고 "아버지를 보내고/고요해질 대로 고요해진" "어머니 귀엔 어느새/달팽이 한 마리가 들어앉았"다. "어머니는 외로울 때마다/달팽이의 안테나를 높였다 내렸다"(「망부」) 하셨다.

나도 때론 젖고 산다
툭 치면 흐를 만큼
젖어 있어도
그냥
꽃처럼 웃을 뿐

누군들
마음에 물기가 없을까
저마다
젖은 사연 매달아놓고
떨구지 않으려 애쓸 뿐

괜찮다 괜찮다
꽃처럼 웃을 뿐

괜찮다 괜찮다
바람에 날릴 뿐

—「비 그친 뒤」 전문

"영영 이별을 위해 마지막 분단장을 마치고/가까이 지냈던 이들 앞에 누운/망자의 얼굴처럼/무심하고도 먹먹한 시간"(「저물녘」) 너머에서 아버지의 목소리가 들려온다. "툭 치면 흐를 만큼/젖어 있"을 때나 "젖은 사연 매달아놓고" 젖어 살 때 "괜찮아 괜찮아". 이 소리는 어린 시절 도닥여주시던 아버지의 목소리에서 시인의 걱정에 대한 아버지의 대답으로 옮겨와 있었다.

"눈을 감고 서 있으면 들리는 소리/괜찮아 괜찮아" "스스로에게"(「괜찮아 괜찮아」) 되뇌어본다. "꽃처럼" 웃으시던 아버지 얼굴이 바람에 흩어지며 근원적 사유의 너울을 넘나들고 있다.

예술이 별건가
목숨 부지하고 사는 것,
그게 예술이지
바람이 불어
뒤틀리면 뒤틀린 대로
옹이가 지면 옹이 진 대로
제 몸을 지탱하며 옹골지게 사는 것

흔들릴 때는 흔들리고
고요할 때는 고요하게
살아가는 시간을
제 몸에 괴어놓고
죽어가는 것들은 죽어가며
제 살을 내어놓고

견디고 흘려보낸 시간을
그렇게 제 몸에 새겨놓은 시간을
묵연히 내어놓는 것
그게 예술이지
그 몸이 진짜 예술인 게지

—「노목(老木)」 전문

김도해 시인의 아버지는 "바람이 불어/뒤틀리면 뒤틀린 대로/옹이가 지면 옹이 진 대로/제 몸을 지탱하며 옹골지게 사는 것"이었다. "흔들릴 때는 흔들리고/고요할 때는 고요하게/살아가는 시간을/제 몸에 괴어놓고" "새겨놓"아야만 하는 제주의 드센 바람 속에서 아버지는 고향을 지키며 사셨다.

"오지게 흙을 붙들고"(「뿌리」) 사셨던 아버지는 "모스부호 같은 유전자를 내 몸에 남긴 채" "바람처럼 떠나셨"다. "파도가 크게 몸부림을 치던 날" "세상은 바람의 무덤"(「바람의 주소」)이었다.

Ⅳ. 에필로그

김도해의 시 세계는 생래적(生來的) 순수함으로써의 고향을 그리워하는 인식 지평을 열어나가고 있다. '저물녘', '일몰' 등 하강 이미지와 역동적 이미지인 '바람', 그리고 그것을 온몸으로 기록하는 '나무'가 김도해 시인의 삶의 여정을 사유하는 객관적 상관

물이다.

도회지 때가 묻지 않은 근원적 향수를 '바람'이라는 역동적 이미지를 대상화하여 아버지 삶의 여정에 대한 회한을 통해 시인 자신의 삶의 여정을 뒤돌아보고 있다. 저물녘 황혼에 시인의 여리고 순박한 성정이 시적 자아의 인식 지평을 새로이 열어주고 있다.

김도해 시의 행간에는 늘 여백이 있다. "천천히 되뇌면/붉은 덩이 하나가/목젖 가득 차"오르지만 "남은 한 걸음을 두고 머뭇거리는 시간"(「저물녘」)에 '그럭저럭' 자신을 다스렸다. 그렇지만 그 아쉬움과 안타까움은 여백으로 남겨두고 '괜찮아', 그 '바람' 같은 존재의 너울과 마주하고 있다.

욕망과 기대가 무너져버리는 '무화됨의 경험', 그러나 시인은 '무'를 하나의 존재 위에 새로운 세계를 설립하고 있다. 그런저런 욕망의 무화됨으로서 사유할 뿐 아니라, 존재 그 자체에 속하는 것으로서 사유하고 있는 것이다. 이러한 사유는 궁극적으로 근원적 향수에 닿아 있다.

김도해 시인은 먼 데서 그 의미를 찾으려 하지 않고 자기 자신으로부터 성찰하고 있다. 사유의 시원적인 것으로서의 '존재 너울'을 시적으로 성찰하고 있는 것이다. 깊은 사유의 내던져 있음과 처해 있음이 김도해 시인의 시적 배경이 되어 또 다른 시원을 열어나가고 있다.

이 도서의 국립중앙도서관 출판시도서목록(CIP)은 서지정보유통지원시스템 홈페이지(http://seoji.nl.go.kr)와 국가자료공동목록시스템(http://www.nl.go.kr/kolisnet)에서 이용하실 수 있습니다.(CIP제어번호: CIP2016023252)

문학의전당 시인선 236

괜찮아요, 저물녘 氏

초판 1쇄 인쇄 2016년 9월 28일
초판 1쇄 발행 2016년 10월 2일
지은이 김도해
펴낸이 고영
책임편집 류미야
디자인 헤이존
펴낸곳 문학의전당
출판등록 제311-2012-000043호
주소 서울시 은평구 연서로11길 7-5 401호
전화 02-852-1977 팩스 02-852-1978
전자우편 sbpoem@naver.com

ISBN 979-11-5896-280-7 03810

* 이 시집은 한국문화예술위원회, 제주특별자치도, 제주문화예술재단의 지역협력형사업으로 제작되었습니다.